NOTRE-DAME

DE

BONNE ESPÉRANCE

PRÈS DE VALENCIENNES

PAROISSE D'AUBRY.

VALENCIENNES,
IMPRIMERIE DE A. PRIGNET, RUE DE MONS.
— 1850. —

HISTOIRE

DE

BONNE ESPÉRANCE

PRÈS DE VALENCIENNES

PAROISSE D'AUBRY,

DÉDIÉE A SON EXCELLENCE

MONSEIGNEUR LE PRINCE D'AREMBERG,

PROPRIÉTAIRE A RAISMES (NORD).

NOTRE-DAME
DE
BONNE ESPÉRANCE.

Le sanctuaire de Notre - Dotre - Dame - de - Bonne-Espérance s'élevait dans la forêt de Raismes, près de Valenciennes, paroisse d'Aubry. Ce pélerinage (1) doit son origine à quelques écoliers qui fréquentaient en cette ville le collège des Jésuites. Le jour de Notre-Dame-des-Neiges de l'année 1625, le Père chargé de

---

(1) Pierre d'Oultreman, *histoire de la ville de Valenciennes*, p. 470-471. — *Les Fruits de Notre-Dame-de-Bonne-Espérance*, p. 14-15. — Le P. Deslions, *de Cultu Mariæ*, p. 86. — Gumppenberg, *atlas marianus*, p. 156-157. P. Bouille, *Histoire de la naissance et progrès de la dévotion en l'endroit de Notre-Dame-de-Bonne-Espérance*, p. 2-3. P. Poirée, *triple Couronne*, p. 201.

diriger la Congrégation de la Sainte Vierge, s'étonna de ce que la mère de Dieu qui, partout ailleurs, avait quelque sanctuaire célèbre par le concours des peuples, n'en possédait aucun dans les environs de Valenciennes, où elle se plut aussi à faire des miracles. Au sortir de l'instruction, ces jeunes gens (1), pleins de zèle pour la gloire de Marie, se procurent une image en terre cuite, représentant Notre-Dame-de-Foi, et se dirigeant vers la forêt de Raismes qui appartenait au duc d'Arschot, ils cherchent un emplacement favorable à leur pieux projet. Bientôt un chêne magnifique se rencontre au milieu d'un carré que l'on eut dit avoir été ouvert et défriché à dessein. Nos jeunes écoliers le choisissent pour sanctuaire de la Madone, qu'ils saluent du nom de Notre-Dame-de-Bonne-Espérance, et ils ne se retirent qu'après avoir chanté les litanies de la Sainte Vierge et de pieux cantiques.

« On remarqua depuis, dit d'Oultreman (2), que,
» sans y penser, on avait placé cette image, là même
» où, l'an 1566, on avait commencé les prêches fu-

---

(1) Le P. Bouille nous a conservé les noms de ces jeunes écoliers, et on les verra avec plaisir cités ici :
Alexandre Leroy, André Lefebvre, Adrien de Reveau, Claude Thomas, Guillaume Coppin, Jacques Chigart, Jacques Guidon, Laurent Corbeau, Martin Menu, Michel Grisart, Nicolas de la Roe, Nicolas Velvot, Pierre Carlier, Robert Ghillet.
La plupart de ces jeunes gens embrassèrent, plus tard, l'état ecclésiastique ou l'état religieux, et se reconnurent redevables à la sainte Vierge de leur sainte vocation.

(2) Histoire de Valenciennes.

» nestes et séditieuses, source des révoltes qui ont
» pensé ruiner Valenciennes. Dès-lors, ceux-ci et
» les autres écoliers, tantôt en troupe, tantôt à part,
» guidés par leurs maîtres, continuèrent de visiter et
» honorer ladite statue, ce qui attira peu à peu ceux
» de la ville, tant ecclésiastiques que séculiers. On
» en a quelquefois compté plus de quatre mille ; et
» c'est un cas qui a mis beaucoup de monde dans
» l'étonnement, de voir une petite statue dans le
» creux d'un chêne si peu élevé de terre, qu'un
» homme de bonne taille pouvait aisément atteindre,
» posée à l'écart sans autre garde que celle des anges,
» être visitée par plusieurs milliers de personnes, au
» grand regret et crève-cœur des huguenots, sans
» qu'aucun d'eux ait jamais eu la hardiesse de l'enlever
» ou de lui faire quelqu'outrage. »

Ce qu'un hérétique n'aurait point osé faire, un catholique le tenta ; mais sa témérité ne servit qu'à faire éclater davantage la puissance de Marie et qu'à rendre plus célèbre encore le pélerinage de Notre-Dame-de-Bonne-Espérance.

Dans le cours du mois de septembre 1625, une femme ayant invoqué la Vierge de la forêt de Raismes avait été guérie d'une maladie réputée incurable (1), et, en reconnaissance de ce bienfait, elle laissa pour gage son chapelet qu'elle attacha au chêne, non loin de l'image vénérée. Un jeune homme du village d'Aubry,

---

(1) *Les Fruits de la dévotion de Notre-Dame-de-Bonne-Espérance*, p. 16-17.

dont les historiens taisent le nom pour sa famille, vient à passer ; il aperçoit ce chapelet et le dérobe. De retour chez lui, il s'empresse de le montrer à ses amis comme un objet précieux ; mais, tandis qu'il se glorifie d'avoir en sa possession ce trésor, il éprouve dans les yeux une douleur très-vive qui lui fait pousser un grand cri, et au même moment il est frappé de cécité. Ses amis effrayés appellent sa mère : cette femme éperdue se désole d'une infirmité si cruelle, survenue à son fils d'une manière si subite ; lui-même, reconnaissant dans ce malheur la juste punition de son larcin, en fait l'aveu public. *Oh! mon fils, s'écrie la mère, qu'as-tu fait? Tu as offensé Notre-Dame-de-Bonne-Espérance; mais retournons au chêne, replaçons devant la Vierge ce chapelet que tu as dérobé; cette bonne mère aura pitié de nous, si notre repentir est sincère.* On part; on arrive: le chapelet est attaché de nouveau près de la Sainte Image ; on prie, et tout-à-coup le jeune homme ouvre les yeux, il est guéri.

Le bruit de ce prodige ne tarda pas à se répandre, et ce double miracle contribua beaucoup à attirer auprès de Notre-Dame-de-Bonne-Espérance une foule plus nombreuse de pèlerins. Aussi vers la fin de cette même année 1625, fallut-il élever une chapelle en bois pour les abriter contre les neiges et les pluies, elle subsista jusqu'au moment où la pieuse libéralité du duc d'Arschot la remplaça par un sanctuaire plus digne de la Reine du Ciel.

Cependant les écoliers qui avaient donné naissance

à ce nouveau pélerinage, voulurent célébrer l'anniversaire de son établissement. Le 5 août de l'année 1626, ils se réunirent au collége, et s'avançant en bel ordre, ils se mirent en marche au chant des psaumes et des saints cantiques Arrivés sur la place de Valenciennes, le prévôt leur présenta un cierge, et les chargea d'en faire hommage à Notre-Dame-de-Bonne-Espérance, au nom de toute la ville ; il voulut accompagner lui-même le dévot cortége jusqu'aux portes. Le Magistrat en corps suivit l'exemple du prévôt ; trois échevins furent députés pour se joindre aux écoliers, et offrir avec eux à la Vierge les vœux de toute la cité. Cet anniversaire se célébrait encore avec la même pompe au XVIIIe siècle ; cette coutume survécut même au désastre de la compagnie de Jésus ; la révolution seule l'abolit.

Le prince d'Aremberg, duc d'Arschot, ayant appris les choses merveilleuses qui se passaient dans la forêt de Raismes, voulut aussi témoigner à la sainte Vierge sa vénération et sa reconnaissance. Dès les premiers jours du printemps de l'année 1626, il avait fait jeter les fondements d'une chapelle spacieuse, à laquelle il joignit un magnifique corps-de-logis, dans l'intention d'y placer des religieux chargés de desservir la chapelle et de propager le culte de la Sainte-Vierge. Tandis qu'on exécutait ces différents travaux, le maître charpentier, Jean Quaret, tomba du haut des combles ; il devait se fracasser la tête et mourir sur le coup ; mais, dans sa chûte, il invoqua Notre-Dame-de-Bonne-Espérance, et, au grand étonnement de ceux qui étaient présents, il se releva sans ressentir le moindre mal, sans avoir reçu la plus légère blessure.

La chapelle fut terminée vers la fin de 1639. En voici la description telle que la donne le Père Bouille dans son histoire (1).

» L'église, dit-il, est bâtie de pierres blanches,
» longue de soixante pieds, large de trente, et haute,
» depuis le pavé jusques à la charpente, de trente-
» huit pieds, d'une structure belle, solide et bien
» proportionnée pour sa grandeur. L'autel est assis
» entre le levant et le midi, et ainsi le frontispice
» regarde en droite ligne le château de Beuvrage,
» entre l'occident et la bise. De ce côté-là venait le
» grand chemin qui conduit au village d'Aubry, et
» ci-devant se trouvait, à l'entrée de la forêt, une
» petite colline que son Excellence a fait aplanir pour
» faciliter l'accès et rendre les approches non moins
» aisés que plaisants; et de fait, c'est une chose extrê-
» ment agréable à voir que cette belle allée bordée de
» deux côtés des fossés tout à un tenant, large, par
» toute son étendue, de cent pieds, et longue, depuis
» ladite entrée jusques à l'église de la traite de cinq
» cent quatre-vingt-deux pas communs : y estans nou-
» vellement fait un beau complant d'arbres, distants
» l'un de l'autre de dix pieds, plantés d'ordre et en
» six de front, trois à chaque côté du chemin qui a
» été laissé au milieu de la largeur de soixante
» pieds (2). »

(1) Il y a maintenant encore un projet de relever cette chapelle pour le printemps prochain 1852.
(2) P. Bouille. *Histoire de Notre-Dame-de-Bonne-Espérance*, p. 17.

Mgr. Paul Boudot, évêque d'Arras, vint bénir le nouveau sanctuaire, et en consacrer l'autel le 10 septembre de la même année. Il était accompagné des abbés de Vicogne et de St.-Jean. Le duc d'Arschot et sa famille assistèrent aussi à cette cérémonie qui se termina par le chant des litanies de la Sainte-Vierge et un sermon que donna un carme déchaussé, Jean Bavet, dont l'ordre se trouvait établi, depuis peu, à Valenciennes, ces religieux y étaient appelés les Frères de Notre-Dame. Le prédicateur montra en deux points, dit un ancien historien, *que la Vierge était mère de bonne espérance à tous vivants en ce monde et dans l'autre, spécialement aux confrères du scapulaire détenus au feu du purgatoire.*

Le duc d'Arschot ne borna point là sa religieuse munificence. Dans le désir de donner un nouvel aliment à la piété, et d'aider plus puissament la dévotion du pélerin, il fit élever de distance en distance, sept oratoires en pierres de taille qu'il orna de riches sculptures, représentant quelques-uns des mystères de la Vierge. L'épouse et la fille du duc, quelques autres dames, ses parentes, voulurent contribuer à l'exécution de son pieux projet, et chacune d'elles eut sa station qu'elle fit orner et élever à ses frais. Nous citerons encore le P. Bouille.

« Les stations étaient ordonnées toutes, en telle
» manière, que saillant cinquante pieds hors de la
» droite ligne de la première rangée d'arbres un demi-
» rond large de soixante pieds, il y a eu au milieu
» d'icelui un oratoire fait de pierre de gré, depuis la

» plinte du stylobate jusques à la cornice ; le reste de
» dessus est de pierre blanche plus traitable, n'ayant
» toute la structure que quinze pieds en sa hauteur,
» sept en sa largeur, et quatre en son épaisseur.
» Entre les deux colonnes dressées selon l'ordonnance
» ionique de la juste mesure de sept pieds et sept
» pouces, y compris la base et le chapiteau enrichi de
» feuillage, se voit la maitresse pièce de la besogne ;
» c'est à savoir : le tableau de même pierre que le
» reste, contenant le mystère taillé à demi-relief. Le
» tout est couvert d'un faiste triangulaire avec ses
» douanes, et par-dessus de la cîme sortent trois
» boules portées chacune de son piédestal assorti de
» toutes ses pièces. Bref, il y a au timpan deux anges
» qui tiennent les armoiries des princesses et dames
» qui ont contribué aux frais de l'ouvrage (1). »

Dans l'oratoire situé à l'entrée de l'avenue, on vénérait le mystère de l'Annonciation. On voyait la modeste maison de Nazaret, l'archange Gabriel, resplendissant de lumière, y apparaissait à Marie. L'humble vierge se résignait à la volonté divine, et ne comprenant point comment elle avait pu attirer sur elle les regards du Tout-Puissant, elle s'en disait la servante, alors que déjà elle aurait pu s'en proclamer la mère. Les armoiries de la duchesse d'Arschot ornaient cet oratoire.

Dans le second, qui se trouvait sur la même ligne

---

(1) Histoire de la naissance et progrès de la dévotion en l'endroist de Notre-Dame-de-Bonne-Espérance.

en avançant vers la chapelle, Marie saluait sa parente Elisabeth. Cette sainte femme félicitait la Vierge du mystère ineffable opéré en son chaste sein, et Marie ne répondait à ces congratulations qu'en reconnaissant son indignité et qu'en publiant l'étendue des miséricordes divines. Les armoiries de la princesse d'Espinoy annonçaient que cet oratoire était dû à sa piété.

Dans le troisième, où l'on remaquait les armoiries de la marquise de Trélon, la Vierge Mère, sous le toit d'une pauvre étable, veillait auprès de son enfant nouveau-né. Il était couché sur un peu de paille; un bœuf et un âne le réchauffait de leur haleine; un rayon de la lumière céleste tombait sur sa crèche; les anges chantaient au milieu des airs: *Gloire à Dieu dans le ciel et paix aux hommes de bonne volonté sur la terre.*

Dans le quatrième oratoire, où l'on voyait les armoiries de Mlle d'Arschot, Marie présentait au Grand-Prêtre l'enfant Jésus; elle offrait au Seigneur le sacrifice des pauvres, deux tourterelles. Le saint vieillard, les yeux levés vers le ciel et tenant le divin enfant dans ses bras, remerciait le Très-Haut avec l'expression d'une vive reconnaissance de ce qu'il voyait de ses yeux le Messie promis depuis tant de siècles.

On vénérait ces quatre mystères avant d'entrer dans la chapelle; en sortant du sanctuaire de Notre-Dame-de-Bonne-Espérance, on trouvait de l'autre côté de l'avenue un cinquième oratoire correspondant au troisième : il portait les armoiries de la comtesse de Thian. On y voyait la fuite en Egypte ; Saint-Joseph conduisait l'humble monture qui portait la Mère et le divin Enfant ; les anges, du haut du ciel, veillaient sur la Sainte Famille.

Le sixème oratoire, surmonté des armoiries de la comtesse de Berlaimont, rappelait la joie que la Vierge ressentit quand elle retrouva dans le temple, parmi les docteurs, l'enfant Jésus.

Enfin, dans le septième oratoire qui était aux armes de la princesse de Ligne, on avait représenté Jésus mourant sur la croix. Marie se tenait debout aux pieds de son fils ; les traits de la divine Mère exprimaient la plus vive douleur et la résignation la plus parfaite.

En 1530, Monseigneur Boudot attacha quarante jours d'indulgence à chacune de ces stations, pour les fidèles qui s'y arrêteraient pieusement et y réciteraient un *Ave Maria*. Déjà, depuis un an, le prince d'Arschot avait appelé les Carmes dans le monastère qu'il avait bâti, et ces religieux y avaient établi leur noviciat.

Il existe plusieurs histoires de Notre-Dame-de-Bonne-Espérance : D'Oultreman, historien de Valenciennes, parle la première : elle avait pour titre : *Histoire de la naissance et progrès de la dévotion en l'endroit de Notre-Dame-de-Bonne-Espérance*. Elle avait été imprimée à Valenciennes, chez Vervliet, l'an 1630, Le P. Bouille en est l'auteur ; elle est devenue fort rare. M. Leroi, bibliothécaire de Valenciennes, en possédait un exemplaire qu'il a eu l'obligeance de nous communiquer. Nous avons sous les yeux une autre histoire de Notre-Dame-de-Bonne-Espérance qui a été publiée à Namur en 1667, par un Père Carme. Le titre est différent de celui du P. Bouille : *Les fruits de Notre-Dame-de-Bonne-Espérance, ou l'histoire de l'origine et continuation de grâces et faveurs, miracles et merveilles faites par la sainte Vierge, honorée sous le même titre de Bonne-Espérance-lez-Valenciennes, recueillis par un Père Carme* (1).

Le P. Gumppenberg, dans son *atlas marianus*, consacre un article à ce pélerinage (2). Le P. Deslions l'a chanté dans ses vers, et nous donnons son élégie à la fin de la notice.

L'histoire du P. Bouille se divise en trois parties. La première traite de l'origine et des progrès du pélerinage de Notre-Dame-de-Bonne-Espérance ; la seconde contient le récit des guérisons miraculeuses arrivées jusqu'en 1630 ; la troisième se compose de morales, de remarques, de rapprochements un peu forcés et dans le goût du temps.

Le P. Philippe de la Visitation, après avoir parlé de l'origine du pélerinage, raconte les prodiges opérés par Notre-Dame-de-Bonne-Espérance ; aux miracles

---

(1) Ce Carme est le F. Philippe de la Visitation, prieur des PP. Carmes de Marche-en-Famenne.

(2) Voyez la note A à la fin de la notice.

racontés par le P. Jésuite, miracles arrivés de 1625 à 1630, et reconnus pour authentiques après informations prises par l'autorité ecclésiastique, le P. Carme ajoute les prodiges survenus de 1630 à 1659 ; ces derniers prodiges ont été attestés comme les premiers, avec serment, par ceux qui en furent les témoins ou les objets. Cependant, en 1667, ils n'avaient pas encore reçu la sanction de l'autorité épiscopale, et le P. Philippe ne les raconte qu'avec les réserves exigées par les saintes règles. Nous allons parler des uns et des autres ; mais, auparavant, nous croyons utile de citer ici la dernière partie de l'*Avertissement au lecteur* donné par le P. Carme.

« L'an 1658, pendant mon séjour à Bonne-Espérance, remarquant que les livres de miracles étaient tous débités, et que le grand nombre des nouveaux prodiges s'était augmenté jusqu'à nos jours, voir si sensiblement qu'ils frappaient nos yeux, se faisant même en notre présence, je me trouvai obligé d'en tenir registre, et prendre témoignage de ces derniers pour les joindre aux premiers, comme membres d'un même corps, à dessein de revêtir toute l'histoire d'une forme plus étoffée, et ainsi, joignant les nouveaux faits aux vieux, entretenir le goût de dévotion que la ville de Valenciennes et tout autre peuple a conçu dans le service de cette auguste Princesse. Je veux pourtant bien qu'on en remarque la différence, laquelle ne consiste pas tant en substance et nature qu'en quelque formalité, dont je donne ceux de la première classe comme très-certains, assurés et vérifiés suffisamment par actes juridiques, déposés par serment des témoins irréfragables, reçus par les notaires, examinés dans les informations de Mgr. maître Luc Théret, licencié en théologie, et autres grands personnages ; enfin, autorisés par l'approbation de l'official d'Arras, par l'ordre de Monseigneur le révérendissime évêque d'Arras, conformément aux ordonnances du saint Concile de Trente, laquelle sera produite en son lieu (1).

» Cependant les grâces de la seconde classe sont signalées et véritables, ayant été fidèlement déposés sous semblable serment, témoignages et attestations ordinaires, dont plusieurs ont été faits en ma présence, ou d'autres religieux, prêtres, et les originaux mis en main. Les enquêtes et informations de ces merveilles ayant été par moi et par d'autres, à ma sollicitation, réitérées et toujours trouvées bien assurées, je croyais que mon silence serait préjudiciable à la Sainte Vierge, comme aussi à la mémoire de la postérité, si ma

---

(1) *Approbation.* Je soussigné confesse que, par la charge de Mgr. Révérendissime évêque d'Arras, j'ai lu et examiné le récit des guérisons contenues en onze chapitres, et après l'avoir confronté avec les originelles informations d'icelles faites par notre ordonnance, je l'ai trouvé en tout conforme auxdites dispositions. Partant, se pourront publier les grâces ici rapportées à la gloire de Dieu et l'honneur de la sainte Vierge, pour exciter la dévotion des fidèles en l'endroit d'icelles.

Faict en Arras, ce 3 janvier 1650.

Signé : A. NOYELLE,
Official d'Arras

relation tout au moins ne servait d'indice très-probable pour montrer que Notre-Dame n'abandonne jamais ceux qui ont bonne espérance en elle, et qu'elle continue de tenir sa cour, donner audience et entériner les requêtes qu'on lui fait en ce lieu miraculeux. »

Pétronille Sonté, âgée de soixante ans et native de Gomegny, était venue habiter Valenciennes. Un jour, en descendant à la rivière, près du cimetière Saint-Jacques, elle fut frappée de paralysie avec des douleurs si atroces que tous ses membres, croyait-elle, étaient disloqués. Il lui était impossible d'articuler un seul mot; elle n'entendait plus, et pour faire un pas, il lui fallait, outre sa potence, une personne qui la soutint sous le bras. Pâques arrivait cette année 1626, le 12 avril. Pétronille voulut, malgré le triste état où elle se trouvait, sanctifier ce saint jour par l'accomplissement des devoirs du chrétien. Elle n'était éloignée de l'église des Récollets que de soixante pas; on mit près de trois heures à la traîner jusque là. Après avoir entendu la messe et s'être confessée avec peine, elle eut le bonheur de communier, et revint chez elle, excitant la compassion de tous ceux qui la voyaient. Quelqu'un lui ayant parlé des miracles qu'opérait la Vierge de la forêt de Raismes, elle se sentit inspirée d'y aller en pélérinage, et pria une de ses amies de l'accompagner. Celle-ci essaya vainement de la dissuader, et toutes deux se dirigèrent vers la forêt de Raismes le lendemain, 13 avril. Elles mirent un temps infini pour arriver seulement aux portes de Valenciennes; mais là, notre infirme se sent singulièrement soulagée. A mesure qu'elle avançait ses forces revenaient, au grand étonnement de sa compagne. Parvenue à l'entrée de la forêt, la malade lève la tête que la violence du mal lui avait fait jusque là tenir courbée. Elle s'avança seule et sans soutien jusqu'au chêne vénéré ; elle y pria l'espace de deux heures, y laissa ses béquilles, et, en reconnaissance de sa guérison, s'obligea, par vœu, à venir tous les jours, pendant un an, remercier sa bienfaitrice. Elle fut fidèle à exécuter sa promesse.

Le lendemain de cette guérison miraculeuse, Notre-Dame-de-Bonne-Espérance fit sentir les merveilleux effets de sa puissante intercession à Rose-Marie Robert, fille d'un conseiller de Valenciennes. Elle était âgée de quarante-cinq ans, une fièvre continue et jugée incurable par les médecins la minait depuis cinq années. De plus, elle avait été frappée trois fois d'apoplexie durant ce temps ; la troisième fois surtout, cette maladie l'avait fort maltraitée. Son estomac ne pouvait retenir aucune nourriture, et elle endurait dans tout son corps des douleurs cuisantes qui lui causaient de fréquentes convulsions. Les médecins avaient épuisé toutes les ressources de leur art, et Marie-Rose n'en avait éprouvé aucun soulagement. Sa sœur, touchée de compassion et ne voyant plus rien à espérer du côté des hommes, se tourna du côté de Notre-Dame-de-Bonne-Espérance. Elle fit le vœu d'aller visiter le lendemain son image ; mais la pauvre malade entendant parler du projet de sa sœur, se sent animée d'une sainte confiance et prend la résolution de faire elle-même en personne le pélerinage. Le lendemain, après s'être approchée des sacrements, Rose se met en route avec plus de ferveur que de forces. Hélas! à peine arrivée hors des portes de la ville, une nouvelle apoplexie survient et ne lui laisse libre que les bras. Ce terrible accident ne l'ébranle pas dans sa résolution ; il paraît au contraire lui inspirer un désir encore plus vif de saluer l'image miraculeuse. Elle se fait soutenir par deux personnes, le reste du voyage. On la porte, on la traîne ; il est facile de concevoir toutes les peines d'un si fâcheux pélerinage; cependant on arrive. Toujours appuyée sur ses deux campagnes, Rose fait sa prière debout, bientôt elle s'écrie qu'elle est guérie. En effet, sa prière achevée, le mal avait disparu. Rose revient chez elle sans secours ni appui. Il lui restait pourtant un engourdissement dans la jambe droite ; elle en fut entièrement délivrée le dernier jour de la neuvaine qu'elle fit en action de grâces d'une faveur si signalée.

Cette même année 1626, l'autorité ecclésiastique sanctionna encore deux guérisons miraculeuses, celle de Catherine Coulonne, et celle de Pierre Bourgeois, licencié en théologie, coadjuteur en l'église collégiale de Saint-Pierre, à Lille, et pasteur de la paroisse Sainte-Catherine dans la même ville.

Catherine Coulonne, native de Valenciennes et âgée de vingt-quatre ans, était percluse de tous ses membres; elle ne pouvait marcher qu'à l'aide d'une petite potence qu'elle tenait de la main droite, et de la gauche elle s'appuyait sur un de ses genoux. Ses membres étaient tellement contractés qu'elle avait la face courbée presque jusqu'au bas des cuisses : la gauche était entièrement perdue, et tout le reste du corps entièrement difforme. Catherine Coulonne ne possédait rien sur terre : quelques personnes charitables lui avait procuré une place à l'Hôtel-Dieu. Voyant bien qu'elle n'avait rien à espérer de la science des médecins, elle sollicite la permission de faire le pélérinage de Notre-Dame-de-Bonne-Espérance. Elle était si faible, si malade ! cette permission lui fut refusée. Catherine insiste : nouveau refus. Elle sollicite encore ; on lui laisse enfin la liberté de faire ce qu'elle veut. Le jour de Saint-Marc, elle se met en route après avoir entendu la messe : on ne pouvait assez admirer son courage et sa ferveur, mais chaque pas qu'elle faisait, réveillait en elle de vives douleurs. Cependant l'espérance la soutient et malgré plusieurs crises qui la font tomber chaque fois en défaillance, elle poursuit son chemin : elle arrive se trainant sur ses mains et sur ses genoux. Pendant le temps que dure sa prière, ses douleurs redoublent : elle éprouve de nouvelles défaillances : les assistants crurent plusieurs fois qu'elle allait rendre le dernier soupir. Mais tout-à-coup, se relevant sur ses pieds, elle déclare que sa guérison est complète. Pour confirmer ce qu'elle dit, elle fait trois fois le tour du chêne sur lequel repose l'image miraculeuse, et au grand étonnement de sa compagne, elle revient à l'hospice sans aucune assistance : il ne reste aucun vestige de sa cruelle infirmité.

Pierre Bourgeois, depuis le 17 septembre 1625, était atteint d'une fièvre maligne qui se jouait de tous les remèdes, tantôt elle était tierce, tantôt quarte, souvent continue. Entendant parler des miracles opérés à Aubry par Notre-Dame-de-Bonne-Espérance, il fait vœu de la visiter s'il guérit, et il commence par charger un des siens de lui porter son offrande. Bientôt la fièvre le quitte, et quelques semaines après, il se met en route pour accomplir son vœu. Arrivé aux environs de la chapelle, la fièvre le saisit de nouveau. Pierre Bourgeois ranime sa foi, il court se prosterner devant l'image : après une heure et demie de prières, il se sent tout-à-fait soulagé, et depuis, il n'éprouva plus aucun accès.

En 1624, la fille de Jacques Cliquart, lieutenant de Mastin, née muette et percluse, recouvre aux pieds de Notre-Dame-de-Bonne-Espérance, l'usage de ses membres et la parole. Marie Thieru, épouse de Jacques Bruneau, au village de Hasnon, met au monde un enfant mort. La mère affligée implore Notre-Dame-de-Bonne-Espérance : l'enfant est rappelé à la vie, il reçoit le baptême, et quelques semaines plus tard sa mère va l'offrir à la Vierge en reconnaissance de ce double bienfait.

En 1628, Gille de Heu, du village de Crespin, était perclus de tous ses membres, il vient réclamer le secours de Marie auprès du chêne vénéré, et s'en retourne guéri. Un enfant, Jean-Baptiste Du Pretre, de Valenciennes, apporté par ses parents aux pieds de la sainte image, s'y trouve délivré d'une infirmité semblable. Elisabeth Trémon, de Nœuf-Ville-Hensies, née muette et percluse, reçoit aussi, devant l'image de Notre-Dame, le bienfait d'une guérison parfaite. Jean de la Tasse, écuyer, demeurant à Beuvrage, et âgé de soixante-deux ans, est guéri d'une hernie déclarée incurable.

En 1630, Marguerite Lelièvre, épouse d'Adrien Godin, au village de Quarouble, est guérie, à la suite de sa neuvaine, d'un mal que les médecins ne pouvaient définir. Toutes ces guérisons ont été constatées par l'autorité épiscopale, et reconnues pour miraculeuses.

La source des grâces ne tarit pas les années suivantes ; les guérisons subites et inespérées se multiplient : les prodiges sont presque continuels jusqu'en 1659 : ils sont tous affirmés avec serment en présence des notaires apostoliques et jurés : mais parce qu'il est nécessaire de nous borner, je me contenterai d'en rappeler ici quelques-uns.

Dans le courant de l'année 1632, le curé d'un village peu éloigné de Gand, trouva les portes du tabernacle brisées et le saint ciboire enlevé. Il cherche en vain les saintes hosties ; le voleur avait tout emporté. Dans sa douleur, ce bon curé se souvient des grâces obtenues par Notre-Dame-de-Bonne-Espérance. Pendant le cours qu'il avait fait à l'université de Douai, il avait souvent entendu parler des miracles opérés dans ce sanctuaire. *Vierge sainte, s'écrie-t-il, ne trompez pas mon espoir ; faites au moins que les saintes hosties ne soient pas profanées.* Notre-Dame l'exauça ; quelques jours après, un homme se présentait au confessional : c'était le voleur. La sainte Vierge lui avait apparu pendant son sommeil, le menaçant de la mort, s'il ne restituait le ciboire, et s'il ne faisait connaître au curé l'endroit où il avait caché les saintes hosties. A son réveil, ne pouvant résister à l'impression que ce songe lui avait faite, cet homme était accouru à l'église pour faire l'aveu de son larcin. Il rendit le ciboire, et déclara en même temps avoir caché les saintes hosties dans le crâne d'une tête de mort que l'on retrouva sur le cimetière. Le curé, plein de reconnaissance envers Marie, députa deux de ses paroissiens vers Notre-Dame-de-Bonne-Espérance, et les chargea de remettre à la chapelle un petit ciboire en argent comme gage de sa gratitude Ce ciboire fut conservé avec l'attestation authentique de tout ce qui s'était passé : cette attestation portait la date du 25 juillet 1632.

En l'année 1644, deux soldats recouvrèrent la liberté d'une manière miraculeuse. Simon Rodrigues et Alphonse Guerero, tous deux espagnols, gémissaient dans les prisons de Rocroi depuis plus de treize mois, et ils ne pouvaient espérer une liberté prochaine.

L'un d'eux qui s'était autrefois trouvé en garnison à Valenciennes, et qui même avait visité le Sanctuaire d'Aubry, engage son compagnon à se recommander avec lui à Notre-Dame-de-Bonne-Espérance. Un soir, après avoir prié avec ferveur, ils s'endorment ; et voilà que pendant leur sommeil, ils s'imaginent voir la Reine du Ciel elle-même briser leurs fers, ouvrir les portes de leur prison et les presser de prendre la fuite. A leur réveil, quelle surprise! Leurs chaînes étaient rompues en effet; leur cachot était ouvert. Ils sortirent de Rocroi sans rencontrer personne qui s'aperçut de leur fuite; et ils vinrent droit à Bonne-Espérance rendre grâce à leur libératrice.

Vers 1664, le duc Charles, prince d'Aremberg, frère du fondateur de la chapelle de Notre-Dame-de-Bonne-Espérance, tomba malade au château de Beuvrage où il était venu visiter sa belle-sœur, Magdeleine de Borgia, duchesse d'Arschot. Bientôt les médecins déclarèrent la maladie mortelle et désespérèrent de la vie du duc. Le malade tourna ses regards vers Notre-Dame-de-Bonne-Espérance : on apporta au château de Beuvrage l'image miraculeuse; on la plaça près de la couche du prince au milieu des pleurs et des sanglots de toute la famille, et cette confiance en Marie ne fut pas trompée. Le malade guérit contre toute espérance. En reconnaissance de ce bienfait, on alla chercher en procession au château de Beuvrage l'image vénérée, et on la ramena avec pompe dans son sanctuaire.

Après la victoire remportée à Denain par le maréchal de Villars, Joseph Clément, électeur de Cologne, qui a laissé dans notre pays tant de preuves de sa piété envers la mère de Dieu, avait fait élever à Raismes, pour témoigner de sa reconnaissance à Notre-Dame-de-Bonne-Espérance, un monument consistant en trois colonnes d'ordre dorique avec piédestal, et surmonté de la statue de la Vierge. Ce monument a été démoli en 1814.

Quant au couvent et au sanctuaire de Bonne-Espérance, la révolution de 93 n'a laissé que la brasserie convertie depuis en maison d'habitation, la basse-cour, la porte du couvent et celle du cloître. Les écuries, la grange, la sculpture de la 4e station (Présentation de Jésus au temple). Une niche plutôt qu'une chapelle, pratiquée dans la muraille de clôture, renferme une image de la Vierge que l'homme des champs salue et vénère encore en passant.

Le cuivre où se trouve gravée l'image de Notre-Dame-de-Bonne-Espérance a été acheté, il y a vingt ans, chez un sieur Pluchois, fripier à Valenciennes, par M. Arthur Dinaux, homme de lettres. L'image de la Vierge est représentée attachée au chêne de la forêt : la madone tient l'enfant Jésus sur le bras droit, et de la main gauche une ancre : des paralytiques, des malades de toute espèce sont prosternés devant elle : au bas se lit cette inscription :

« *Image miraculeuse de Nostre-Dame-de-Bonne-Espérance, près de Valenciennes, très-renommée par les grands et fréquents miracles qui s'y font, spécialement pour la conversion des pécheurs obstinés.*

» *Dédiée à son excellence Madame Magdeleine de Borgia, duchesse d'Aremberg, d'Arschot, etc., par les PP. Carmes réformez, establis en ce lieu par feu Mgr. le duc d'Arschot.* »

Cette image est due au burin de Pierre Clouwet, d'Anvers.

IMPRIMERIE DE A. PRIGNET, RUE DE MONS, 9, A VALENCIENNES.

www.ingramcontent.com/pod-product-compliance
Lightning Source LLC
Chambersburg PA
CBHW060931050426
42453CB00010B/1951